"하나님이 기도하게 하실 때,
그 가치를 사로잡는 것이 믿음이다.
하나님이 보내시는 신호를 알아차리고,
그 조류에 올라타는 것이 믿음이다."

송태근, 《묵상 일침》

기도 제목

Y. M. D.

하나님께서 주신 마음

기도를 계속하고 기도에 감사함으로 깨어 있으라 골로새서 4:2

기도 제목 Y. M. D.

하나님께서 주신 마음

기도 제목 Y. M. D.

하나님께서 주신 마음

기도 제목 Y. M. D.

하나님께서 주신 마음

기도 제목

Y. M. D.

하나님께서 주신 마음

너희가 내게 부르짖으며 내게 와서 기도하면 내가 너희들의 기도를 들을 것이요 예레미야 29:12

기도 제목 Y. M. D.

하나님께서 주신 마음

기도 제목 Y. M. D.

하나님께서 주신 마음

여호와께서 빈궁한 자의 기도를 돌아보시며 그들의 기도를 멸시하지 아니하셨도다 시편 102:17

기도 제목 Y. M. D.

하나님께서 주신 마음

기도 제목 Y. M. D.

하나님께서 주신 마음

이 아이를 위하여 내가 기도하였더니 내가 구하여 기도한 바를 여호와께서 내게 허락하신지라 사무엘상 1:27

기도 제목 Y. M. D.

하나님께서 주신 마음

기도 제목 Y. M. D.

하나님께서 주신 마음

그러면 어떻게 할까 내가 영으로 기도하고 또 마음으로 기도하며
내가 영으로 찬송하고 또 마음으로 찬송하리라 고린도전서 14:15

기도 제목 Y. M. D.

하나님께서 주신 마음

기도 제목 Y. M. D.

하나님께서 주신 마음

모든 기도와 간구를 하되 항상 성령 안에서 기도하고
이를 위하여 깨어 구하기를 항상 힘쓰며 여러 성도를 위하여 구하라 에베소서 6:18

기도 제목 Y. M. D.

하나님께서 주신 마음

기도 제목 Y. M. D.

하나님께서 주신 마음

기도 제목 Y. M. D.

하나님께서 주신 마음

기도 제목

Y. M. D.

하나님께서 주신 마음

너는 기도할 때에 네 골방에 들어가 문을 닫고 은밀한 중에 계신 네 아버지께 기도하라
은밀한 중에 보시는 네 아버지께서 갚으시리라 **마태복음 6:6**

기도 제목 Y. M. D.

하나님께서 주신 마음

기도 제목 Y. M. D.

하나님께서 주신 마음

그러나 하나님이 실로 들으셨음이여 내 기도 소리에 귀를 기울이셨도다 시편 66:19

기도 제목 Y. M. D.

하나님께서 주신 마음

기도 제목

Y.　　M.　　D.

하나님께서 주신 마음

이르시되 기도 외에 다른 것으로는 이런 종류가 나갈 수 없느니라 하시니라 **마가복음 9:29**

기도 제목 Y. M. D.

하나님께서 주신 마음

기도 제목 Y. M. D.

하나님께서 주신 마음

형제들아 우리를 위하여 기도하라 데살로니가전서 5:25

기도 제목 Y. M. D.

하나님께서 주신 마음

기도 제목 Y. M. D.

하나님께서 주신 마음

하나님의 말씀과 기도로 거룩하여짐이라 디모데전서 4:5

기도 제목 Y. M. D.

하나님께서 주신 마음

기도 제목 Y. M. D.

하나님께서 주신 마음

예수는 물러가사 한적한 곳에서 기도하시니라 **누가복음 5:16**

기도 제목 Y. M. D.

하나님께서 주신 마음

기도 제목 Y. M. D.

하나님께서 주신 마음

무리를 작별하신 후에 기도하러 산으로 가시니라 **마가복음 6:46**

기도 제목 Y. M. D.

하나님께서 주신 마음

기도 제목 Y. M. D.

하나님께서 주신 마음

그들이 내려가서 그들을 위하여 성령 받기를 기도하니 **사도행전 8:15**

기도 제목 Y. M. D.

하나님께서 주신 마음

기도 제목 Y. M. D.

하나님께서 주신 마음

또 너희는 기도할 때에 외식하는 자와 같이 하지 말라 그들은 사람에게 보이려고 회당과 큰 거리 어귀에
서서 기도하기를 좋아하느니라 내가 진실로 너희에게 이르노니 그들은 자기 상을 이미 받았느니라 마태복음 6:5

기도 제목 Y. M. D.

하나님께서 주신 마음

기도 제목

Y. M. D.

하나님께서 주신 마음

여호와는 악인을 멀리하시고 의인의 기도를 들으시느니라 **잠언** 15:29

기도 제목 Y. M. D.

하나님께서 주신 마음

기도 제목 Y. M. D.

하나님께서 주신 마음

소망 중에 즐거워하며 환난 중에 참으며 기도에 항상 힘쓰며 로마서 12:12

기도 제목 Y. M. D.

하나님께서 주신 마음

기도 제목　Y.　M.　D.

하나님께서 주신 마음

나는 사랑하나 그들은 도리어 나를 대적하니 나는 기도할 뿐이라 시편 109:4

기도 제목 Y. M. D.

하나님께서 주신 마음

기도 제목 Y. M. D.

하나님께서 주신 마음

시험에 들지 않게 깨어 기도하라 마음에는 원이로되 육신이 약하도다 하시고 마태복음 26:41

기도 제목 Y. M. D.

하나님께서 주신 마음

기도 제목 Y. M. D.

하나님께서 주신 마음

너희를 저주하는 자를 위하여 축복하며 너희를 모욕하는 자를 위하여 기도하라 **누가복음 6:28**

기도 제목 Y. M. D.

하나님께서 주신 마음

기도 제목 Y. M. D.

하나님께서 주신 마음

악인의 제사는 여호와께서 미워하셔도 정직한 자의 기도는 그가 기뻐하시느니라 **잠언 15:8**

기도 제목 Y. M. D.

하나님께서 주신 마음

기도 제목 Y. M. D.

하나님께서 주신 마음

주는 계신 곳 하늘에서 그들의 기도와 간구를 들으시고 그들의 일을 돌아보시오며 **열왕기상 8:49**

기도 제목 Y. M. D.

하나님께서 주신 마음

기도 제목

Y. M. D.

하나님께서 주신 마음

나의 기도를 기쁘게 여기시기를 바라나니 나는 여호와로 말미암아 즐거워하리로다 시편 104:34

기도 제목 Y. M. D.

하나님께서 주신 마음

기도 제목 Y. M. D.

하나님께서 주신 마음

참 과부로서 외로운 자는 하나님께 소망을 두어 주야로 항상 간구와 기도를 하거니와 디모데전서 5:5

기도 제목 Y. M. D.

하나님께서 주신 마음

기도 제목 Y. M. D.

하나님께서 주신 마음

나는 너희에게 이르노니 너희 원수를 사랑하며 너희를 박해하는 자를 위하여 기도하라 마태복음 5:44

기도 제목 Y. M. D.

하나님께서 주신 마음

기도 제목 Y. M. D.

하나님께서 주신 마음

그러므로 너의 이 악함을 회개하고 주께 기도하라 혹 마음에 품은 것을 사하여 주시리라 **사도행전 8:22**

기도 제목 Y. M. D.

하나님께서 주신 마음

기도 제목

Y. M. D.

하나님께서 주신 마음

사랑하는 자들아 너희는 너희의 지극히 거룩한 믿음 위에 자신을 세우며 성령으로 기도하며 유다서 1:20

기도 제목 Y. M. D.

하나님께서 주신 마음

기도 제목

Y. M. D.

하나님께서 주신 마음

여호와여 내 기도를 들으시며 내 간구에 귀를 기울이시고 주의 진실과 의로 내게 응답하소서 시편 143:1

기도 제목 Y. M. D.

하나님께서 주신 마음

기도 제목

Y. M. D.

하나님께서 주신 마음

그러므로 너희는 이렇게 기도하라 하늘에 계신 우리 아버지여 이름이 거룩히 여김을 받으시오며 **마태복음 6:9**

기도 제목 Y. M. D.

하나님께서 주신 마음

기도 제목 Y. M. D.

하나님께서 주신 마음

너희 중에 고난 당하는 자가 있느냐 그는 기도할 것이요
즐거워하는 자가 있느냐 그는 찬송할지니라 야고보서 5:13

기도 제목 Y. M. D.

하나님께서 주신 마음

기도 제목 Y. M. D.

하나님께서 주신 마음

아무것도 염려하지 말고 다만 모든 일에 기도와 간구로,
너희 구할 것을 감사함으로 하나님께 아뢰라 **빌립보서 4:6**

기도 제목 Y. M. D.

하나님께서 주신 마음

기도 제목

Y. M. D.

하나님께서 주신 마음

이러므로 너희는 장차 올 이 모든 일을 능히 피하고
인자 앞에 서도록 항상 기도하며 깨어 있으라 하시니라 **누가복음 21:36**

기도 제목 Y. M. D.

하나님께서 주신 마음

기도 제목

Y. M. D.

하나님께서 주신 마음

그러므로 너희 죄를 서로 고백하며 병이 낫기를 위하여 서로 기도하라
의인의 간구는 역사하는 힘이 큼이니라 **야고보서 5:16**

기도 제목 Y. M. D.

하나님께서 주신 마음

기도 제목 Y. M. D.

하나님께서 주신 마음

서서 기도할 때에 아무에게나 혐의가 있거든 용서하라 그리하여야 하늘에 계신 너희 아버지께서도
너희 허물을 사하여 주시리라 하시니라 **마가복음 11:25**

기도 제목 Y. M. D.

하나님께서 주신 마음

기도 제목 Y. M. D.

하나님께서 주신 마음

너희는 내가 사로잡혀 가게 한 그 성읍의 평안을 구하고 그를 위하여 여호와께 기도하라
이는 그 성읍이 평안함으로 너희도 평안할 것임이라 **예레미야** 29:7

기도 제목 Y. M. D.

하나님께서 주신 마음

기도 제목

Y.　　M.　　D.

하나님께서 주신 마음

너희도 우리를 위하여 간구함으로 도우라 이는 우리가 많은 사람의 기도로 얻은 은사로 말미암아
많은 사람이 우리를 위하여 감사하게 하려 함이라 고린도후서 1:11

기도 제목 Y. M. D.

하나님께서 주신 마음

기도 제목 Y. M. D.

하나님께서 주신 마음

이르시되 어찌하여 자느냐 시험에 들지 않게 일어나 기도하라 하시니라 **누가복음 22:46**

기도 제목 Y. M. D.

하나님께서 주신 마음

Personal Data

Name	
Mobile	
Church	